BEI GRIN MACHT SICH IHR WISSEN BEZAHLT

Einsatz von Key Performance Indikatoren im Controlling von Data Science Projekten

Patrick Tinz

Bibliografische Information der Deutschen Nationalbibliothek:

Die Deutsche Nationalbibliothek verzeichnet diese Publikation in der Deutschen Nationalbibliografie; detaillierte bibliografische Daten sind im Internet über http://dnb.d-nb.de abrufbar.

ISBN: 9783346461674
Dieses Buch ist auch als E-Book erhältlich.

Druck und Bindung: Books on Demand GmbH, Norderstedt Germany
Gedruckt auf säurefreiem Papier aus verantwortungsvollen Quellen

Das vorliegende Werk wurde sorgfältig erarbeitet. Dennoch übernehmen Autoren und Verlag für die Richtigkeit von Angaben, Hinweisen, Links und Ratschlägen sowie eventuelle Druckfehler keine Haftung.

Das Buch bei GRIN: https://www.grin.com/document/1041311

Hochschule Darmstadt

– Fachbereich Informatik –

Einsatz von Key Performance Indikatoren im Controlling von Data Science Projekten

Studienarbeit

im Modul Projektmanagement und Kommunikation

im Studiengang zum

Master of Science (M.Sc.) - Data Science

von

Patrick Tinz

ZUSAMMENFASSUNG

In Data Science Projekten spielt das Projektcontrolling eine zentrale Rolle, da die zeitlichen Aufwände und Kosten häufig schwer einzuschätzen sind. Auftraggeber möchten ihre Use Cases mit Methoden des Machine Learnings effizient und erfolgreich umsetzen. In diesem Zusammenhang ist das erfolgreiche Projektcontrolling während des Projektverlaufs ein entscheidender Aspekt. Das konsequente Projektcontrolling kann durch den Einsatz von aussagekräftiger Kennzahlen, sogenannter Key Performance Indikatoren (KPIs) positiv beeinflusst werden. Nach einigen Studien[1] schlagen 85% aller Data Science Projekte fehl, deshalb ist ein frühzeitiges Erkennen von Hindernissen essenziell. In klassischen IT-Projekten existieren viele KPIs zum Projektcontrolling, diese sind allerdings nicht ausreichend für Data Science Projekte. Aus diesem Grund werden in dieser Arbeit grundlegende KPIs für IT-Projekte herausgearbeitet und in Bezug auf Data Science Projekte analysiert. Als Ergebnis hat sich gezeigt, dass durch spezifische KPIs das Projektcontrolling von Data Science Projekten transparenter gestaltet werden kann.

---

[1] https://designingforanalytics.com/resources/failure-rates-for-analytics-bi-iot-and-big-data-projects-85-yikes/ (Zugriff: 18.02.2021)

INHALTSVERZEICHNIS

ABBILDUNGSVERZEICHNIS

1

EINFÜHRUNG

In IT-Projekten ist das Projektcontrolling ein essenzieller Bestandteil des Projektmanagements, da zeitliche Aufwände und Kosten frühzeitig gesteuert werden müssen. Eine Definition des Projektcontrollings ist in der DIN 69901[1] zu finden. Es umfasst die „Sicherung des Erreichens der Projektziele durch: Soll-Ist-Vergleich, Feststellung der Abweichungen, Bewerten der Konsequenzen und Vorschlagen von Korrekturmaßnahmen, Mitwirkung bei der Maßnahmenplanung und Kontrolle der Durchführung". Das Projektcontrolling ist also als Funktion des Steuerns, Regelns und Lenkens zu verstehen (vgl. [Tie18], S. 334). Außerdem konzentriert sich das Projektcontrolling auf die Einhaltung der Projektziele und die resultierenden Maßnahmen zur Zielerreichung. Im Rahmen des Projektcontrollings kommen Key Performance Indikatoren (KPIs), also sogenannte Schlüsselkennzahlen, zum Einsatz. KPIs sind von bloßen Kennzahlen abzugrenzen, den eine Kennzahl ist nur quantitativ [Rot19]. KPIs hingegen sind Metriken, mit denen der Zustand des Projekts in Bezug auf eine Zielsetzung abgebildet werden kann (vgl. [Rot19]). Aus diesem Grund beschäftigt sich diese Arbeit mit dem Einsatz von KPIs in Data Science Projekten. Hieraus ergeben sich folgende Forschungsfragen:

- (RQ1) Welche Key Performance Indikatoren sind für Data Science Projekte geeignet?

- (RQ1) Wie können Key Performance Indikatoren in Data Science Projekten beim Projektcontrolling erfolgreich eingesetzt werden?

In der Literatur finden sich viele unterschiedliche KPIs für unterschiedliche Anwendungsfälle aus dem IT-Umfeld. In dieser Arbeit werden diese KPIs herausgearbeitet und in Bezug auf Data Science Projekte untersucht. Im Weiteren werden zusätzliche Herausforderungen beim Projektcontrolling in Data Science Projekten herausgearbeitet.

Die Arbeit beschäftigt sich zunächst mit den Grundlagen zum Projektcontrolling und stellt einige wichtige KPIs aus dem IT-Umfeld vor. In einem weiteren Abschnitt wird die Anwendbarkeit der vorgestellten KPIs auf Data Science Projekte anhand des Prozessmodells CRISP-DM (CRoss-Industry Standard Process for Data Mining) analysiert. Anschließend werden die Ergebnisse aus der Analyse in Bezug auf eine These und die Forschungsfragen diskutiert, wobei auch persönliche Projekterfahrungen mit einbezogen werden.

---

1 https://www.din.de/de/meta/suche/62730!search?query=69901 (Zugriff: 09.01.2021)

GRUNDLAGEN

2

2.1 PROJEKTCONTROLLING

Das Projektcontrolling ist als ein zentraler Bestandteil des Projektmanagement zu verstehen und dient zur Unterstützung von Projektentscheidungen. In diesem Zusammenhang ergeben sich folgende Ziele des Projektcontrollings (vgl. [Tie18], S. 334):

- Abstimmung von Zielvorgaben

- Unterstützung des Projektmanagements und Feststellung von Planabweichungen und deren Ursachen

- Bewertung von Risiken und Einleitung von Maßnahmen zur Risikobeherrschung oder -reduktion

Die Überwachung vom Projektstatus, Terminen, Kosten, Qualität und Zielen liegt im Verantwortungsbereich der Projektleitung. Bei größeren Projekten kann es sinnvoll sein diese Aufgaben an einen Projektcontroller zu übergeben, dann müssen die Zuständigkeiten allerdings eindeutig geregelt sein (vgl. [Tie18], S. 335). In diesem Zusammenhang setzen die Verantwortlichen des Projektcontrollings Instrumente zur Steuerung des Projekt ein, dazu zählt bspw. auch ein Kennzahlen-Cockpit.

Die Steuerung von IT-Projekten erfolgt in der Regel basierend auf einem Projektauftrag. In einer Leistungsbeschreibung wird meistens der Projektumfang und die erwarteten Projektziele seitens des Auftraggebers festgelegt. In der Leistungsbeschreibung befinden sich allerdings häufig nur grobe Beschreibungen, deshalb ist in der Regel eine Verfeinerung notwendig. Daraus muss schließlich eine Roadmap mit Meilensteinen und darüber hinaus die Ressourcen- und Kostenplanung abgeleitet werden. Die Meilensteine sind beim Projektcontrolling von besonderer Bedeutung, da diese den Zeitpunkt von Reviews festlegen und somit die Einordnung des Arbeitsstands in das Gesamtprojekt erleichtern.

Die KPIs zur Unterstützung des Projektcontrollings werden in dieser Arbeit schwerpunktmäßig betrachtet. Erfahrende Projektleiter setzen meist auf wenige, klar definierte und gut interpretierbare KPIs. Im nächsten Abschnitt wird ein Konzept zur Ableitung von aussagekräftiger KPIs für IT-Projekt vorgestellt.

2.2 BALANCED-SCORECARD-KONZEPT

Bei der Betrachtung von Kennzahlen sollte neben dem Ressourceneinsatz und den Kosten auch Indikatoren für die Produktqualität und den Projektfortschritt ermittelt werden. Im Idealfall sind diese Kennzahlen in einem Kennzahlenhandbuch dokumentiert und sind somit für alle Stakeholder nachvollziehbar. (vgl. [Tie18], S. 366)

Im Weiteren ist es sinnvoll zum Projektbeginn einige überwachende und steuernde Funktionen/ Kennzahlen mit dem Projektteam festzulegen. In der Praxis liegt der Fokus meist nur auf wesentlichen Elementen wie Kosten, Ressourcen, Terminen oder Qualität, notwendig ist allerdings häufig ein ganzheitliches System. (vgl. [Tie18], S. 370-371)

Das Konzept „Balanced Scorecard" (kurz: BSC)[1] hat sich als ganzheitlicher Ansatz zur Entwicklung und Umsetzung von Kennzahlen in der Praxis bewährt. Unter der BSC wird ein ausbalanciertes Kennzahlensystem verstanden. Wesentlich für das Konzept ist eine Konkretisierung des Phänomens Erfolg sowie die Integration nicht-monetärer Kennzahlen. (vgl. [Tie18], S. 374). Bei dem Konzept werden die folgenden vier Perspektiven betrachtet (vgl. [Tie18], S. 375):

- Finanzen: Welche finanziellen Aspekte sind zu beachten und welche Kennzahlen werden benötigt?

- Kunde: Welche Erwartung und Einstellung hat der Kunde gegenüber dem Projekt?

- Interne Prozesse: Wie effizient sind interne Prozesse bezogen auf die Kosten, Zeit und Qualität?

- Lernen und Entwicklung: Wie zielgerichtet werden die Mitarbeiter eingesetzt?

Der Rahmen für die Balanced Scorecard wird durch diese vier Perspektiven geschaffen, diese können allerdings auch noch erweitert werden bspw. durch Projektergebnisse. (vgl. [Tie18], S. 374). Es müssen also zunächst die Perspektiven für das jeweilige Projekt abgeleitet werden, daraus können schließlich Projektziele und Anforderungen definiert werden. Anschließend werden für jede Perspektive der Balanced Scorecard folgende Vereinbarungen abgeleitet (vgl. [Tie18], S. 376):

- Definition der Zielsetzungen, die das Projekt unter der jeweiligen Perspektive verfolgt.

- Zuordnung von Kennzahlen

- Festlegung von Vorgaben für jede Kennzahl

- Maßnahmen, die bei Abweichungen erfolgen.

Schließlich können auf Basis von kritischen Erfolgsfaktoren und strategischen Zielen für jede Perspektive Kennzahlen abgeleitet werden. Kritische

---

1 Das „Balanced Scorecard" wurde Anfang der 1990er Jahre an der Harvard Business School von den beiden Controlling-Experten Robert S. Kaplan und David P. Norton entwickelt.

Erfolgsfaktoren sind für die Perspektive Finanzen bspw. Projektbudget, Projektkosten und Projektnutzen (ROI des IT-Projekts). Bei der Perspektive Kunde sind dies bspw. Kundenzufriedenheit, Akzeptanz der Projektarbeit bei den Stakeholdern und Nutzung der Softwarelösung durch den Kunden. Bei der Perspektive interne Prozesse sind kritische Erfolgsfaktoren bspw. Projektfortschritte (Meilensteine), Produktivität der Aktivitäten und Innovationsunterstützung der Prozesse. Bei der Mitarbeiterperspektive können kritische Erfolgsfaktoren bspw. die Zufriedenheit der Projektmitarbeiter, Qualifikation der Projektmitarbeiter und Teamentwicklung sein.

2.2.1 Key Performance Indikatoren

In diesem Abschnitt werden einige wichtige KPIs für jede Perspektive abgeleitet und definiert.

Finanzen:
KPI: Budgeteinhaltung (vgl. [Tie18], S. 378)

- Ziel: Abweichung unter 10%

- Einheit: Zahl in Prozent

- Formel: Ist-Budget/Soll-Budget

KPI: Projektnutzen (ROI des Projekts) (vgl. [Tie18], S. 381)

- Ziel: Nutzwert des IT-Projekts transparent darstellen und kommunizieren

- Einheit: Absolute Zahl

- Formel: Ermittlung nach der Nutzwertanalyse (Kriterien x Gewicht)

Kunden:
KPI: Kundenzufriedenheitsindex (vgl. [Tie18], S. 381)

- Ziel: Zufriedenheitsindex von mindestens 98%

- Einheit: Zahl in Prozent

- Formel: Ergebnis aus Kundenbefragung

Interne Prozesse:
KPI: Termintreue im Projekt (vgl. [Tie18], S. 382)

- Ziel: Vereinbarten Termine zu 99% einhalten

- Einheit: Zahl in Prozent

- Formel: Tatsächliche Projektdauer/prognostizierte Projektdauer

KPI: Projektplanabweichung (vgl. [Brü18])

- Ziel: Projekt in Plan abschließen

- Einheit: Absolute Zahl

- Formel: Erzielter Wert - Geplanten Wert

KPI: Realisierungswert (vgl. [Brü18])

- Ziel: Erreichen eines positiven Realisierungswerts

- Einheit: Absolute Zahl

- Formel: Anzahl der geplanten Stunden - Anzahl der bezahlten Stunden

Personalkennzahlen:
KPI: Personalzufriedenheitsindex (vgl. [Tie18], S. 381)

- Ziel: Hohe Zufriedenheit der Projektmitarbeiter sichern

- Einheit: Zahl in Prozent

- Formel: Ergebnis aus Mitarbeiterbefragung

In diesem Abschnitt wurden einige KPIs aus einem klassischen IT-Projekt aufgezeigt. Die Liste ist nicht vollständig, da die KPIs für jedes IT-Projekt individuell aus den strategischen Ziele abgeleitet werden müssen.

ANALYSE

In diesem Abschnitt wird analysiert, welche Kennzahlen in Data Science Projekten im Vergleich zu klassischen IT-Projekten eingesetzt werden können. Im Weiteren soll herausgearbeitet werden, welche zusätzlichen KPIs in Data Science Projekten Verwendung finden.

Data Science Projekte laufen in der Praxis häufig nach dem CRISP-DM Prozessmodell ab. Aus diesem Grund wird anhand dieses Prozessmodells analysiert, an welcher Stelle im Data Science Prozess welche KPIs eingesetzt werden können. Das CRISP-DM Prozessmodell (siehe Abbildung 3.1) ist in die Phasen Geschäftsverständnis (engl. Business Understanding), Datenverständnis (engl. Data Understanding), Datenvorbereitung (engl. Data Preparation), Modellierung/ Evaluation (engl. Modeling/ Evaluation) und Bereitstellung (engl. Deployment) unterteilt.

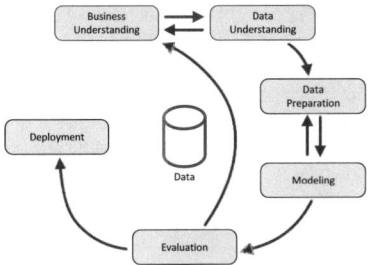

Abbildung 3.1: CRISP-DM Prozessmodell (i.A. [WH00])

3.1 GESCHÄFTSVERSTÄNDNIS

Zu Beginn eines Data Science Projekts ist häufig nicht klar, welches Potenzial eine Datenanalyse für den Auftraggeber hat. Im ersten Schritt muss also ein passender Anwendungsfall (Use Case) gefunden werden. In der Praxis wird häufig zu Beginn eines Projekts ein initialer Workshop durchgeführt, in welchem Use Cases mit einem hohen Geschäftspotenzial herausgearbeitet werden. Im Weiteren ist zu beachten, dass die Fragestellung und die Daten zusammenpassen müssen. In diesem Zusammenhang sollten bereits Data Scientisten einbezogen werden, da diese mögliches Potenzial anhand möglicher Datenquellen besser einschätzen können. Ist der richtige Use Case gefunden, können KPIs bestimmt werden, anhand dieser kann der Projekterfolg gemessen werden. In diesem Zusammenhang ist es essenziell neben klassischen Controlling KPIs (wie in Abschnitt 2.2.1 vorgestellt) vor allem an die Messung des realen Geschäftswerts (ROI) wie bspw. Reduzierung der Ausfallzeiten von Maschinen um 30% zu berücksichtigen. Es sollte bereits an dieser Stelle klar kommuniziert werden, welcher Nutzwert erreicht werden soll. Im Geschäftsverständnis werden also der Use Case und die damit verbundenen Ziele definiert. Die Ziele werden durch die Definition von KPIs messbar. Es sollten also auch Ziele in Bezug auf das zu entwickelnde Machine Learning Modell gesetzt werden. Die erwartete Modell Güte könnte mithilfe verschiedener Metriken (z.b. Genauigkeit, Precision-Recall, F1-Score, AUC-Score, Confusion Matrix oder Lift-Faktor) kontrolliert werden. In diesem Zusammenhang kann bereits in dieser Phase ein Schwellwert als Mindestanforderung gesetzt werden. Diese KPIs werden in dieser Arbeit als Data Science KPIs bezeichnet und können zusätzlich zu den klassischen KPIs aus dem IT-Umfeld eingesetzt werden.

3.2 DATENVERSTÄNDNIS

Die Datenbasis bietet die Grundlage für ein erfolgreiches Data Science Projekt. In diesem Schritt muss sich ein Data Scientist einen Überblick über die Daten verschaffen und die Qualität bewerten. Hier schließt sich die Frage an, was unter Datenqualität zu verstehen ist. Die Datenqualität beschreibt, wie gut die Daten für den ausgearbeiteten Use Case geeignet sind. Ein Data Scientist prüft die Qualität der Daten anhand von Kriterien wie bspw. Korrektheit, Relevanz, Vollständigkeit, Konsistenz und Verfügbarkeit (vgl. [May20]). Der Fokus eines Data Scientisten sollte also stets auf der Datenqualität liegen und nicht nur auf der Quantität. Nach einer ersten Einschätzung durch einen Data Scientisten kommt es in der Regel zur Aufwandsabschätzung und damit zur Budgetplanung.

3.3 DATENVORBEREITUNG

In der Datenvorbereitung wird aus den Rohdaten ein finaler Datensatz für die nachfolgende Analyse erstellt. Die Datenvorbereitung nimmt etwa 50% - 70% der gesamten Projektdauer ein [Wut]. Aus diesem Grund ist es wichtig das Projektcontrolling hinsichtlich dieser Eigenschaft anzupassen. Bei der Datenvorbereitung sollte eine enge Kommunikation mit dem Kunden durchgeführt werden, damit in der Datenvorbereitung domänenspezifische Aspekte berücksichtigt werden können. Es muss bspw. abgeklärt werden wie mit fehlenden Werten oder Ausreißern umgegangen wird. In dieser Phase sollte besonders auf die KPI Realisierungswert geachtet werden, da der Arbeitsaufwand in dieser Phase meistens sehr hoch ist. Es sollte darauf geachtet werden, dass der zeitliche Aufwand eine bestimmte Obergrenze von bspw. 60% der gesamten Stunden nicht überschreitet. Diese Obergrenze muss allerdings spezifisch für das jeweilige Projekt gewählt werden. Im Weiteren sollte darauf geachtet werden, dass der Projektplan eingehalten wird (KPI Projektplanabweichung).

3.4 MODELLIERUNG / EVALUATION

In der Phase der Modellierung werden zur jeweiligen Problemstellung passende Analysemethoden ausgewählt und implementiert. Die Analysemethoden können einfache statistische Verfahren oder komplexe Maschinen-Learning Verfahren sein. Anschließend werden die Analyseergebnisse evaluiert und mit den Ziele abgeglichen. Diese beiden Phasen sind iterativ zu verstehen, sodass immer wieder in die Modellierungsphase gewechselt werden kann, um das Modell hinsichtlich der Evaluationsmetriken anzupassen. Diese beiden Phasen dienen als Machbarkeitsstudie und an dieser Stelle wird erst ersichtlich, ob ein Data Science Projekt den im Geschäftsverständnis gesetzten Zielen gerecht wird. Es sollte in dieser Phase vor allem auf die im Geschäftsverständnis definierten Data Science KPIs geachtet werden.

3.5 BEREITSTELLUNG

In dieser Phase wird das entwickelte Modell in einer IT-Infrastruktur bereitgestellt, wenn durch die durchgeführte Evaluation ein operativer Mehrwert für das Unternehmen aufgezeigt werden konnte. Die Bereitstellung ist der Schlüssel, um Daten langfristig gewinnbringend einsetzen zu können.

Das CRISP-DM Prozessmodell zeigt, dass in Data Science Projekten einige weitere KPIs zum Einsatz kommen. In Data Science Projekten wird der Projekterfolg zusätzlich an der Evaluation der entwickelten Modellen gemessen.

DISKUSSION

In der Diskussion werden die Analyseergebnisse persönlich und sachbezogen anhand der These „Herkömmliche Key Performance Indikatoren aus dem IT-Umfeld sind in Data Science Projekten nicht ausreichend." diskutiert.

Aktuell wird das Thema Data Science in den Medien als „Wunderwaffe" bezeichnet, wodurch eine Vielzahl an Problemen gelöst werden können. Dies ist auch der Grund warum sich viele Dienstleistungsunternehmen in diesem Bereich weiterentwickeln wollen. Die Dienstleister bewerben ihre Kompetenz im Bereich Data Science und gehen in die Akquise mit potenziellen Kunden. Wenn ein Use Case bei einem Kunden gefunden wurde, wird häufig eine Potenzialanalyse durchgeführt. Nach der Potenzialanalyse wird schließlich entschieden, ob das Projekt einen Mehrwert für den Kunden generieren kann. Nach einer vielversprechenden Potenzialanalyse wird schließlich ein Data Science Projekt gestartet. Aus meiner Erfahrung werden Data Science Projekte häufig nach dem CRISP-DM Prozessmodell durchgeführt. Als Projektleiter werden meistens erfahrende IT-Projektleiter eingesetzt. Das Projekt wird vom Projektleiter häufig als klassisches IT-Projekt durchgeführt und gesteuert. Die Projektleiter verwenden zum Projektcontrolling KPIs, mit welchen sie gute Erfahrungen gemacht haben.

Aus meiner Erfahrung können diese Projekte erfolgreich verlaufen, können allerdings auch scheitern. In einem meiner ersten Data Science Projekte sollte ein OCR-Service mithilfe eines kommerziellen Frameworks entworfen werden. Konkret sollten Chargennummern von Werkstücken ausgelesen werden. Das Projekt sollte als Evaluation des Frameworks genutzt werden, um herauszufinden wie entwicklerfreundlich das Framework ist. Das Projekt wurde mit klassischen KPIs (wie in Abschnitt 2.2.1 vorgestellt) begleitet. Das Ziel des Projekts wurde nicht klar definiert, wodurch ein großer Freiraum für die Entwickler entstand. Anforderungen an die Modell-Güte wurden nicht kommuniziert. Das Projekt konnte schließlich erfolgreich und in Budget abgeschlossen werden. Das Projekt war ein Beratungsprojekt, wodurch die Modellqualität im Hintergrund stand. Ich denke trotzdem, dass spezifische Data Science KPIs das Projekt transparenter für alle Beteiligten gestaltet hätten. Aus diesem Projekt habe ich mitgenommen, dass es in Data Science Projekten essenziell ist, quantifizierbare Ziele zu definieren. Es ist somit einfacher möglich, den Erfolg eines Data Science Projekts zu messen. Aus meiner Erfahrung ist es auch hilfreich, wenn der Projektleiter bereits ein grundlegendes Verständnis von Data Science hat, damit die Kommunikation und das Controlling transparenter gestaltet werden können. Im Weiteren ist es hilfreich Data Science Projekte in bestimmte Phasen zu unterteilen. Es kann bspw. nach dem CRISP-Prozessmodell vorgegangen werden, damit ist zu jedem Zeitpunkt ersichtlich, an welchem Punkt man sich im Projekt befindet. Außerdem sollten die Phasen in einen festen Zeitrahmen eingeteilt werden, sodass das Data Science Projekt daran ausgerichtet werden kann. Es wird deutlich, dass in Data Science Projekten ebenfalls KPIs aus dem IT-Umfeld Anwendung finden. In diesem Kontext sind bspw. die Budgeteinhaltung und der Projektnutzen (ROI) zu nennen. Es ist essenziell den ROI spezifisch zu definieren, damit der reale Nutzen des Projekts gemessen werden kann. Aus meiner Erfahrung ist es immer hilfreich sehr schnell einen Prototyp zu entwerfen, der den ROI bereits eindrucksvoll aufzeigt. Durch diese Machbarkeitsstudie wird der Kunde entspannter und die Motivation den Prototyp weiter zu optimieren steigt auf allen Seiten. Im Weiteren entsteht dadurch ein besseres Arbeitsklima, wodurch der Personalzufriedensheitsindex steigt. Aus meinen bisherigen Projekten habe ich allerdings auch gelernt, dass ein Data Science Projekt nicht wie ein klassisches IT-Projekt gesteuert werden kann. Es spielen nämlich noch weitere Aspekte eine Rolle. Es müssen spezifische Data Science KPIs eingesetzt werden und diese auch in den Controlling-Prozess integriert werden. Die Data Science KPIs sorgen für eine größere Transparenz bei der Entwicklung eines Machine Learning Modells. Außerdem sollten die Data Science KPIs dem Projektleiter vertraut sein, damit ein Data Science Projekt erfolgreich abgeschlossen werden kann.

In einem weiteren Projekt wurde ich in einem Datenanalyse Projekt eingesetzt. Der Fokus lag vor allem auf der deskriptiven Statistik. Der Projektgegenstand war die Visualisierung von meteorologischen Daten. Zu Beginn wurde das Projekt in Arbeitspakete unterteilt und eine Roadmap herausgearbeitet. Im Weiteren wurden Abnahmetermine für jedes Arbeitspaket vereinbart. Vor Projektbeginn wurde eine Vorabversion des aktuellen Tools zur Verfügung gestellt, anhand dieser wurde eine Aufwandsabschätzung durchgeführt. In der Analyse stellte sich heraus, dass die Vorabversion nicht alle Voraussetzungen der Leistungsbeschreibung erfüllt. Die Grundlage für eines der Arbeitspakete war nämlich noch nicht in der Vorabversion enthalten. In diesem Projekt wurden ebenfalls klassische KPIs aus dem IT-Umfeld (wie in Abschnitt 2.2.1 vorgestellt) eingesetzt. Während des Projektverlaufs hat sich abgezeichnet, dass einige Aspekte eines Arbeitspakets etwas mehr Zeit beanspruchen. Das Projekt hat schließlich etwas länger gedauert als zunächst geplant, konnte aber dennoch erfolgreich abgeschlossen werden. Aus diesem Projekt habe ich einiges mitgenommen. Als Erstes ist es wichtig potentielle Hindernisse für das Projekt bereits im Vorfeld zu identifizieren. In diesem Projekt war dies die Implementierung eines bestimmten Arbeitspakets, da die Grundlage für dieses Arbeitspaket bei der Aufwandsabschätzung noch nicht vorlag. Im Weiteren ist es wichtig dem Kunden potentielle Fallstricke frühzeitig mitzuteilen, damit Lösungen gefunden werden können. Durch regelmäßige Abstimmung mit dem Kunden konnten Abnahmetermine frühzeitig verschoben werden und die neuen Termine entsprechend eingehalten werden. Im Ergebnis war der Kunde sehr zufrieden mit dem Projekt. Meiner Einschätzung nach war dieses Projekt thematisch und technisch ähnlicher zu einem klassischen IT-Projekt als zu einem Projekt, bei welchem komplexe

Machine Learning Modelle erstellt werden müssen. Aus diesem Grund sehe ich in diesem Projekt auch keinen Notwendigkeit Data Science KPIs spezifisch einzusetzen. In diesem Projekt wurde mir allerdings bewusst, dass KPIs zum Projektcontrolling sehr hilfreich sind, da mit diesen frühzeitig in das Projekt eingegriffen werden kann. Außerdem erhöht dies die Transparenz während des kompletten Projektverlaufs und damit wird auch die Kundenkommunikation vereinfacht.

Die Diskussion der These hat gezeigt, dass klassische KPIs aus dem IT-Umfeld auch für Data Science Projekte essenziell sind. Data Science Projekte sind schließlich auch Software-Projekte. Es kann allerdings zwischen zwei Projekttypen unterschieden werden. Ein Projekttyp ist das Entwickeln von Machine Learning Modellen und die Integration dieser in eine Produktionsumgebung. Ein anderer Projekttyp ist die Datenanalyse und Visualisierung von Daten. Bei dem ersten Typ ist es essenziell Gütekriterien für die Modelle bereits im Geschäftsverständnis und Zielsetzungen festzulegen. Bei dem zweiten Typ spielen die Data Science KPIs eine untergeordnete Rolle bzw. müssen im Projektcontrolling gar nicht berücksichtigt werden. Im Weiteren beantwortet die Analyse und die Diskussion die beiden Forschungsfragen, indem dargelegt wurde, dass bei der Entwicklung von Machine Learning Modellen noch weitere KPIs (z.B. Genauigkeit, Precision-Recall, F1-Score, AUC-Score, Confusion Matrix oder Lift-Faktor) berücksichtigt werden müssen. Außerdem sollte bereits im Geschäftsverständnis die zeitliche Dauer jeder Phase im Data Science Projekt festgelegt werden. Hierbei sollte darauf geachtet werden, dass die Datenvorbereitung oftmals die längste Zeit im Data Science Prozess beansprucht. Abschließend ist anzumerken, dass durch KPIs das Projektcontrolling transparenter gestaltet und mögliche Fallstricke frühzeitig erkannt werden können.

5

ZUSAMMENFASSUNG

Die Arbeit veranschaulicht den Einsatz von KPIs in Data Science Projekten anhand des CRISP-DM Prozessmodells. Der Einsatz von KPIs ist bei Data Science Projekten sowie bei IT-Projekten essenziell, damit die Projekte erfolgreich gesteuert werden können. Außerdem ist es bei Data Science Projekten hilfreich, wenn der Projektleiter einen Data Science Hintergrund hat. Im Weiteren ergeben sich im Data Science Bereich einige neue KPIs, insbesondere im Bezug auf die Modellgüte, die beim Projektcontrolling berücksichtigt werden sollten.

Abschließend ist anzuführen, dass sich die Projektleiter bei Data Science Projekten noch in einem Findungsprozess in Bezug auf die eingesetzten KPIs befinden. Die Erfahrungen der Projektleiter und erfolgreiche Projektumsetzungen werden dafür sorgen, dass sich in diesem Bereich weitere KPIs ergeben, die zur erfolgreichen Projektsteuerung von Data Science Projekten beitragen können.

LITERATUR

[Brü18]   Oliver Brüggen. *3 Projektmanagement KPIs, die Sie messen sollten.* (Zugriff: 15.01.2021). 2018. URL: https://www.deltek.com/de-de/learn/blogs/uk-blog/2018/04/projektmanagement-kpis.

[May20]   Franziska Mayer. *Wie man Data Science Projekte meistert.* (Zugriff: 15.01.2021). 2020. URL: https://www.westphalia-datalab.com/wie-man-data-science-projekte-meistert/.

[Rot19]   Michael Rothmund. *Die wichtigsten KPIs für ihr Projektmanagement.* (Zugriff: 08.01.2021). 2019. URL: https://blog.processpartner.ch/die-wichtigsten-kpis-fÃijr-ihr-projektmanagement.

[Tie18]   Ernst Tiemeyer. *Handbuch IT-Projektmanagement: Vorgehensmodelle, Managementinstrumente, Good Practices.* Carl Hanser Verlag GmbH Co KG, 2018.

[WH00]   Rüdiger Wirth und Jochen Hipp. "CRISP-DM: Towards a standard process model for data mining". In: *Proceedings of the 4th international conference on the practical applications of knowledge discovery and data mining.* Bd. 1. Springer-Verlag London, UK. 2000.

[Wut]   Laurenz Wuttke. *CRISP-DM: Grundlagen, Ziele und die 6 Phasen des Data Mining Prozess.* https://datasolut.com/crisp-dm-standard/. (Zugriff: 08.01.2021).